Valores de oro

Entrénate para soñar

V&R
Editoras

Título original: *Valores de oro*
Dirección editorial: Marcela Luza
Edición: Margarita Guglielmini con Erika Wrede
Armado: Cecilia Aranda

© Texto: Cristina Núñez Pereira y Rafael R. Valcárcel
© Ilustraciones: Los derechos morales de las ilustraciones pertenecen
a sus respectivos autores.
© Diseño de cubierta e interiores: Leire Mayendía
© 2014 Palabras Aladas, España

© 2017 V&R Editoras S.A. • www.vreditoras.com

Argentina: San Martín 969 piso 10 (C1004AAS) Buenos Aires
Tel./Fax: (54-11) 5352-9444 y rotativas • e-mail: editorial@vreditoras.com

México: Dakota 274, Colonia Nápoles
CP 03810 - Del. Benito Juárez, Ciudad de México
Tel./Fax: (52-55) 5220-6620/6621 • 01800-543-4995
e-mail: editoras@vergarariba.com.mx

ISBN: 978-987-747-307-0

Impreso en China. Printed in China

Julio de 2017

Valcárcel, Rafael R.
Valores de oro: entrénate para soñar / Rafael R. Valcárcel; Cristina Núñez
Pereira; ilustrado por Nancy Brajer... [et al.]. - 1a ed. - Ciudad Autónoma
de Buenos Aires: V&R, 2017.
80 p.: il.; 24 x 23 cm.

ISBN 978-987-747-307-0

1. Libro para Niños. I. Brajer, Nancy, ilus. II. Título.
CDD 808.899282

PRÓLOGO

Marta Arce Payno

Madre
Medallista paralímpica
Fisioterapeuta y *coach*

¿Quién, como padre, no anhela ver que sus hijos alcanzan lo que se proponen? Los imaginamos en el futuro venciendo la adversidad y logrando sus metas. Pero, más allá de nuestro deseo, ¿cómo podemos apoyarlos desde niños y brindarles el crecimiento personal que necesitan para que vivan sus sueños?

Como deportista de alto nivel –a punto de retirarme tras una carrera en la que he cosechado muy buenos resultados–, he encontrado en la experiencia del deporte la suma de unos valores que me parecen deseables y aplicables para la vida.

Este libro recorre, de la mano de grandes futbolistas de distintas generaciones, esos valores y cualidades. La constancia, la audacia, la decisión, nos impulsan a alcanzar nuestros sueños. La adaptabilidad o la paciencia nos ayudan a mantenernos en el camino. Pero estas cualidades, sin humildad, sin respeto, sin integridad o sin un gran deseo de superación, no nos conducirán a la felicidad, y la satisfacción final quedaría desvirtuada.

Gracias al deporte, he aprendido a utilizar mis recursos, a reinterpretar mis cualidades y a hacerlas madurar para conducirlas en la dirección deseada. Y sobre todo, he aprendido que la meta principal es disfrutar el camino. Los resultados vienen después.

Acompañar a nuestros hijos y ayudarlos a identificar sus cualidades; servirles de guía, especialmente en los momentos en que sufren, para que extraigan todos los aprendizajes positivos de cada situación; inculcar en ellos valores vitales que los hagan personas sanas, capaces de grandes cosas y respetuosas con los demás, son sin duda deseos que todo padre alberga. Con el apoyo de este libro será más sencillo verlos cumplidos.

Información dirigida especialmente a los adultos.

Valores de oro

Textos: Cristina Núñez Pereira
y Rafael R. Valcárcel

Todos los seres humanos tenemos cualidades. Algunas son
físicas, como la resistencia; otras tienen que ver con nuestro
carácter, como la paciencia. Unas son más visibles, como
la creatividad, que puede impregnar todo lo que hacemos;
otras pasan más desapercibidas, como la sencillez.

Te proponemos que recorras, de la mano de once futbolistas
de diferentes generaciones, veintidós de esas cualidades,
que ellos han convertido en valores de oro. Si a estos once
niños los ayudaron a alcanzar su sueño, quizás te sirvan
a ti también para alcanzar el tuyo, sea cual sea.

Valores de oro

Entrénate para soñar

LEV
1

Lev

Lev nació en una nevada ciudad del norte, en una época de paz entre dos horribles guerras.

Sus padres trabajaban en una fábrica de hierro. Vivían en un modesto piso, que la familia compartía con otras personas.

Cuentan que de niño, Lev quedó deslumbrado por una película en la que aparecía un portero. Desde que la vio, comenzó a imaginarse bajo los palos.

A los doce años, empezó a trabajar en la fábrica en la que estaban contratados sus padres. Y, **diligente** como era, aceptó hacer de portero para el equipo… de hockey sobre hielo. El fútbol llegaría más tarde.

Lev era muy **perspicaz**: se dio cuenta de que, en movimiento, los colores oscuros eran más difíciles de detectar. Así que se vistió de negro para jugar al fútbol. El color de su ropa y su gran agilidad le valieron el apodo de 'la araña negra'.

Diligencia

La diligencia es la rapidez con la que te pones a hacer algo. También es el cuidado con el que lo realizas. Una persona diligente se sacude la pereza como un perro el agua. Enseguida pone manos a la obra. Y lo hace con esmero, con cariño, con destreza.

Lev Yashin trabajó desde niño en una fábrica de hierro. Su carrera como futbolista duró veintidós años. Nunca se dejó llevar por las ganas de remolonear.

Perspicacia

La perspicacia es como una linterna. Ilumina las tareas hasta que las ves en detalle y las comprendes. Así, te ayuda a tomar buenas decisiones. Si llueve, deduces que es posible resbalar. Entonces, caminas con cuidado.

Lev Yashin analizó cómo ser un buen portero. Su objetivo era atrapar el balón. Para ello debía prever por dónde vendría. Además, le convenía pasar desapercibido. Tener todo esto en mente mejoró su eficacia.

HUGO
2
BOTICA
Bazar

Hugo

Cuando Hugo nació, ningún ser humano había flotado aún en el espacio. A él le gustaba flotar en el aire, pero con la rapidez de una acrobacia y cerca de un balón de fútbol.

Hugo pasó su infancia en una ciudad que, en su origen, también flotaba: se construyó sobre una isla, en medio de un lago. Su padre y sus hermanos eran jugadores de fútbol. Su hermana llegó a ser gimnasta olímpica.

Él era un niño formal, que estudiaba mucho y prolongaba su entrenamiento para ensayar jugadas difíciles. Como era muy **organizado**, pudo equilibrar sus estudios con el fútbol y sobrevivir a sesiones agotadoras.

A Hugo le encantaba hacer piruetas. Era un niño **audaz** que no temía las burlas de sus compañeros. Soñaba con meter el mejor gol de la historia. Algunos dicen que lo consiguió.

Audacia

También llamada 'osadía' o 'atrevimiento'.

La audacia es una fuerza interior que te impulsa a afrontar una situación difícil. Te da la firmeza y las ganas para intentar algo que no es fácil de conseguir.

La audacia es juguetona, te lleva a buscar un reto para tener el placer de superarlo.

Hugo Sánchez celebraba sus goles dando una voltereta: un gesto travieso que expresaba su naturaleza audaz.

Organización

Organizarse es repartir adecuadamente el tiempo y las energías entre tus ocupaciones y encontrar el momento idóneo para cada una.

La organización te permite decidir qué importancia tiene cada actividad. Te ayuda a distribuir tus tareas y pasatiempos para poder afrontarlos todos.

Gracias a su organización, Hugo Sánchez estudió su carrera universitaria al mismo tiempo que metía muchos goles.

MATTHIAS
3

Matthias

Matthias nació treinta y seis años antes de que lloviesen bombas por toda Europa, aunque él no llegó a verlas caer. Su vida duró menos de lo habitual, pero fue plena y virtuosa.

Su familia era pobre. Matthias pasó su infancia al aire libre, en la calle, junto a un balón de fútbol. Era muy delgado y poseía una gran habilidad para pasar entre los rivales. Parecía un papel que el viento paseaba entre los defensores. Lo apodaron 'el hombre de papel'.

Matthias era muy querido por la afición de su equipo y por las de los equipos contrarios. Si bien apreciaban su extraordinaria habilidad futbolística, lo que despertaba el cariño y admiración de todos eran su integridad y su coherencia. Cualidades que se hicieron más fuertes con cada centímetro que él crecía.

was wir wollen
Wir wollen die vollständige
…ung des Menschen;
Wir wollen seine unbeschrän…
…aftliche Befreiung.
Der Mensch muß, um sich entw…
…en, seine Tätigkeit mit der
…er vereinigen; nur in der Ge…
…er alle seine Fähigkeiten entfa…
…llen wir eine Gesellschaft, welche die
…gen all ihrer Mitglieder ver-
…aft, in der die
…kungen befreit,
…en Schwierig-
…haben; wo sie
…unter einander
…eigungen gemäß
…g wieder lösend,
…eworden ißt oder
…geschlossen wurde,
…er neue Vereini-
…ere Bedürfnisse zu
…ke zu erreichen.
…n in sich abge…
…ern von Natur
…es Gemeinschaf…
…eidlich zur freie…
…ten sie
…der: Gesell-
…ganzen Nutzen
…Zusammenarbeitens
…heit blos die Lasten, die
…das Elend übrig lassend.
…wie sie heute bestehen, sind uns…
…esellschaftsorganisationen keine …
…gungen freier und gleicher Mensch…
ein Gewirr von widerstreb…
in welchen die Besitz…
Kapitals erbarm…
denen sie Macht…
— wo die Worte …
„Freiheit" ihren Sinn…
Regeln geworden sind,…
den Klausen die Möglichk…
und Ausbeuten, sichern.
Anstatt auf der freien Verein…
Einklang zwischen den Interessen…
gebaut zu sein, ist unsere heutige G…
schaf sordnung auf dem Gegensatz …
Klasseninteressen begründet.
Das Interesse der Regierenden ist, ihre
Autorität zu vermehren', um sich den Ge-
horsam der „Untertanen," und „Staatsbürger"
sichern. Das Interesse der Regierten und
…errschten ist immer und überall die Auto-
…die Einmischung der Regierung einzu-
…en und zurückzuweisen, wenn sie nicht
…willenlosen Dienern derselben wer-
…esse des Kapitalisten,
…aus seinen Lohnsklaven
…dlich um einen, so ge…
…herauszubekommen u…
…en Befehlen arbeite…
…esse der Arbeiter ist e…
…niger Arbeit, und so
…beutung als möglich
Geschäftsmannes is…
…kaufen und so teuer…
…wenn er dabei auch…
…ert der Ware be-
…er schmarotzenden
…zwischen Produ-
…ngen, ist, den.
…zureden, daß
…d und immer
…er Kundschaft
…Das Interesse
…er braucht, in
…nicht mehr
…es wirkli…
Ge…
sitzer …
ben jedem, der …
Verfügung stehen, um nur …
weder durch eigene Kraft oder verein…
deren das zu erzeugen, was er braucht.
Wir wollen in allem und überall die A…
…schaffung der Lohnarbeit: jed…
Mensch soll voll und frei die Früchtese…
…Arbeit genießen. Wir wollen" glei…
…Abschaffung alles Geldes oder
…denn der Austausch…
…ein solcher

Coherencia

La coherencia es la armonía entre tus actos y tus ideas. Así, si crees que hay que cederle el asiento a un anciano, ofrecerás el tuyo cada vez que se te presente la ocasión.

Imagina: el equipo de Matthias Sindelar contra los invasores. Ni bien empezó, los soldados ya se veían victoriosos, pues el país sometido no se atrevería a ganar. Pero Sindelar, sí: metió un gol y festejó el triunfo porque creía que debía competir sin miedos.

Integridad

La integridad es una cualidad que te motiva a actuar correctamente. Al tomar una decisión, no te preocupa si esta te conviene o no; lo que te importa es que sea justa.

Cuando un ejército ocupó el país de Matthias Sindelar, varios ciudadanos fueron marcados. Los invasores querían que todos tratasen mal a quienes llevaban la marca. Sindelar hizo lo que creía correcto: continuó tratándolos bien. Por eso, los soldados lo pusieron en su lista negra.

MARTA
4

Marta

Marta nació en un lugar que había conseguido confundir al tiempo. En sus calles, unas pavimentadas y otras de tierra, los coches modernos circulaban junto a carretas tiradas por caballos.

La pequeña Marta no pudo ir al colegio hasta que tuvo nueve años. A su madre le costó muchísimas horas de trabajo reunir el dinero para pagar el material escolar y la matrícula. Pese a estas dificultades, Marta ya había aprendido a leer en casa, prácticamente sola. Para hacerlo, había empleado su **creatividad**, ayudándose de historietas y de etiquetas de envases.

A ella le encantaba jugar al fútbol con los demás niños del barrio, lo cual disgustaba a sus tres hermanos mayores. Ellos preferían que se entretuviese con las muñecas, y hacían todo lo posible para llevarla a casa. Pero Marta no estaba de acuerdo y **confiaba** en que podría convertirse en una gran jugadora.

Por eso, luchó contra todas las adversidades para hacer realidad su sueño. Hoy sigue jugando con el balón en los estadios de fútbol de todo el mundo.

Creatividad

La creatividad es una cualidad mágica. Pone formas, colores e historias donde no hay nada. Encuentra soluciones a problemas imposibles. Te hace ver lo que nadie ve.

La creatividad invita a establecer nuevas relaciones, a verlo todo de otro modo. Alguien creativo saca provecho a un lápiz aunque no tenga punta.

Cuando jugaba en la calle, Marta Vieira da Silva ideaba miles de maneras para escabullirse de sus hermanos. En la cancha sigue haciendo lo mismo con sus rivales.

Confianza

También llamada 'fe'.

Es la seguridad que tienes en ti mismo. Cuando sientes confianza, realizas tus actividades con tranquilidad, sin pensar en que es posible fracasar. Cuando confías en tus piernas, crees que correrás muy rápido.

Marta confió en su capacidad desde siempre. Estaba segura de que si llegaba a ser una gran jugadora, conseguiría sacar de la pobreza a su madre y a sus hermanos.

PELÉ
5

Pelé

Pelé nació en uno de los lugares más alegres del mundo. Sin embargo, lejos de allí, el año en que él nació, millones de personas se peleaban entre ellas. Pese a los problemas, hogareños y mundiales, en su familia no faltaron las sonrisas.

Su madre no quería que jugase al fútbol, porque el padre de Pelé había sido jugador profesional y, tras lesionarse la rodilla, se quedó sin trabajo. Y entonces empezaron los problemas económicos en casa. Pelé, que se **adaptaba** con facilidad, trabajó como limpiabotas para pagarse sus camisetas deportivas, sin pensar que un día lo llamarían 'el rey Pelé'.

Él y sus amigos formaron un equipo de barrio y se presentaron al torneo de la ciudad. ¡Ganaron! Pero eso no bastó para cambiar la oposición de su madre. No obstante, Pelé estaba **decidido** a ser un jugador profesional.

Adaptabilidad

La adaptabilidad es la capacidad de amoldarte a situaciones y entornos distintos. Algunas veces, para conseguirlo, modificas tu conducta. Otras, utilizas tus habilidades. En la ciudad, vestimenta completa. En la selva, ¡taparrabo y nada más! Y si hay que comer hojas de palmera, se comen.

Adaptarnos nos enriquece, porque exploramos nuevas realidades y destrezas. Pelé, siendo delantero, jugó hasta de portero cuando su equipo lo necesitó.

Decisión

Ser decidido es hacer todo lo posible por alcanzar tus metas.

Una persona decidida que desea aprender a tocar la guitarra se inscribe en una escuela de música. Si no hay una escuela donde vive, va a la biblioteca para conseguir un manual. Si allí no hay manuales, busca…

Pelé estaba decidido a participar en el campeonato infantil de la ciudad. Para comprarse su uniforme, tuvo que vender cientos de bolsitas de cacahuetes, una a una.

ANDRÉS
6

Andrés

Cuando Andrés nació, los teléfonos no se movían; y no había uno en cada bolsillo.

Su abuelo administraba un bar, y toda la familia daba una mano en él. Solo Andrés se escabullía para poder estar con su fiel amigo: el balón.

Con ocho años, Andrés ya jugaba en un club, pero para ir a entrenar recorría cien kilómetros en un solo día. ¡Sin faltar al cole! Andrés soportó estas largas jornadas con **paciencia**.

A sus doce años, un club de una ciudad lejana le ofreció un lugar en su centro de entrenamiento. Andrés, siempre **prudente**, contestó que debían hablar con su padre. Después, meditó la idea y decidió sacrificar su comodidad por un sueño.

Dicen que lloró al separarse de su familia. Como cualquier niño.

Aunque al principio fue doloroso, poco a poco el sufrimiento de Andrés se transformó en una cosecha de éxitos y satisfacciones.

Paciencia

Ser paciente es tomarse las cosas con calma.

La paciencia te permite soportar una situación sin desesperarte,
sin alterarte. Como oír un ruido irritante sin rabiar. También te permite
hacer cosas que requieren *muuucho* trabajo. Como tejer un kilómetro
de bufanda o pegar cien mil papelitos en un mural.

Para alcanzar su sueño, Andrés soportó con gran paciencia
estar separado de sus familiares.

Prudencia

La prudencia es una virtud que te lleva a actuar de forma moderada.
Te ayuda a encontrar el punto medio entre dos extremos.

Alguien prudente disfruta con los placeres, sin dejarse llevar
por ellos. De quince pasteles, tomará dos o tres. Disfrutará
el sabor y se detendrá antes de sentir indigestión.

Andrés Iniesta es un jugador prudente, que sabe dosificar su energía
para que le dure todo el partido.

Cristiano
7

Cristiano

Cristiano nació en una isla maravillosa, pero no era mágica ni estaba encantada. Era dura, al menos para él. Y en la porción de tierra que le tocó pisar no pudo sembrar su sueño, así que lo cultivó sobre sus pies.

Se crio en una casa diminuta, rodeada de otras casas diminutas, todas igual de pobres. Su madre trabajaba de cocinera. Su padre era jardinero y, además, hacía de utilero en el vestuario de un equipo de fútbol. Allí empezó a jugar Cristiano a sus seis años. También allí, lo apodaron 'abejita'. Era pequeñito y veloz. Y, como buena abeja, era trabajador y **constante**.

Su afán de **superación** era enorme. Tan enorme como el amor por su familia. Cristiano abandonó su isla para ganarse la vida como futbolista y con el deseo de ayudar a los suyos. Tenía once años cuando lo hizo.

Superación

La superación es el deseo de mejorar. Nos lleva a perfeccionar nuestras capacidades: físicas, mentales y espirituales. También nos lleva a buscar nuevos retos, nuevos sueños… y nuevas formas de alcanzarlos.

Hay personas con tanto deseo de mejorar que logran encender ese mismo deseo en quienes tienen cerca. Como Cristiano Ronaldo: ayudó a sus hermanos a que se superaran, dándoles ejemplo, afecto y apoyo.

Constancia

También llamada 'empeño' o 'perseverancia'.

La constancia es la firmeza para continuar, continuar y continuar haciendo lo que te propusiste. Es imprescindible para alcanzar aquello que requiere esfuerzo y tiempo: los sueños que más te elevan.

Gane o pierda, Cristiano Ronaldo mantiene invicta su constancia. Es el primero en llegar al campo de entrenamiento y el último en irse, siempre.

TEÓFILO
8

Teófilo

Teófilo nació mucho antes de que se coloreasen las imágenes de todos los televisores. Es más, muy poca gente tenía uno de esos aparatos, llenos de historias en blanco y negro. Por el contrario, la infancia de Teófilo estuvo pintada de colores vivos, que venían acompañados de sabores y aromas... ¡deliciosos! Su abuelo tenía una hacienda de frutas.

A su madre le gustaba que jugase al fútbol. Su padre, en cambio, le decía que lo primero eran los estudios. Teófilo escuchó a ambos y salió ganando. Disfrutó con los conocimientos que le regalaron sus maestros y con los goles que metía a sus rivales, a quienes siempre **respetó**.

Teófilo era de carácter **humilde** y no desdeñaba ninguna tarea. Por eso disfrutaba ayudando a su abuelo a fumigar los árboles de la hacienda y a realizar toda serie de encargos, sin perder su sonrisa de 'nene'.

Humildad

Ser humilde es no olvidar que tenemos limitaciones.

Puedes ser muy hábil en una cosa, o en dos, incluso en tres, pero no en todo. Por suerte, eso que no se te da bien se le da estupendamente a otra persona. Y te puede ayudar, o enseñar.

La humildad te invita a reflexionar y averiguar qué haces bien y qué debes mejorar. Teófilo Cubillas perfeccionó su talento gracias a que pedía que le enseñasen, fuera y dentro del estadio.

Respeto

Una persona respetuosa tiene en cuenta a los demás: cuando trata con ellos o cuando cuida las cosas y espacios que ellos también usan. Así, se muestra respeto al escuchar a quien habla, o al no ensuciar el banco de la plaza en el que otro se sentará después.

El Nene Cubillas, por ejemplo, ha sido tan respetuoso con sus compañeros y con sus rivales que nunca recibió una tarjeta roja.

SAMUEL
9

Samuel

Samuel nació en el corazón de África, donde habitan elefantes, hienas, leopardos, leones y búfalos. Hay que estar atentos.

Ni su padre ni su madre querían que jugase mucho al fútbol, pero Samuel vivía **entregado** a ese deporte. Tanto que finalmente su padre le compró un par de botines. Samuel se sintió plenamente agradecido por el regalo 'invisible' que acompañaba a esos zapatos: el apoyo familiar para que luchase por su sueño.

Mucho antes de jugar en un estadio, Samuel tuvo que entrenar su **resistencia** con trabajos que no lo apasionaban. Pero su imaginación le echaba una mano. Así, mientras vendía pescado en las calles, quizá se veía regateando entre peces globo, jugando un partido subacuático.

Resistencia

La resistencia es la fortaleza, mental y física, que nos permite soportar una dificultad.

Todos los días se presentan oportunidades para aumentar tu nivel de resistencia, como cargar las bolsas de las compras un trecho mayor que la última vez, o esperar a mañana para comer el helado que está en la nevera.

Samuel Eto'o, partido tras partido, ha soportado muchas ofensas, sin dejarse vencer por ellas. Sigue queriendo hermanar a los pueblos.

Entrega

La entrega es la voluntad de emplear tus capacidades al máximo, renunciando a mucho. Una persona entregada al ballet, por ejemplo, como practica horas y horas para perfeccionar hasta el último de sus movimientos, tiene poco tiempo para ir al cine o al parque de diversiones.

Además de al deporte, Samuel Eto'o está entregado a un ideal: que todos los niños tengan la oportunidad de ser felices.

LEO
10

Leo

Leo nació en una región cuyo nombre le dio fuerzas siempre que las necesitó: Santa Fe.

Él tenía un cuerpo pequeño. Bastante más pequeño que los niños de su edad, pero nunca dejó de soñar con ser un gran futbolista. Y para acercarse poquito a poquito a su sueño, tuvo que ser sumamente **responsable**. Cada noche, él mismo se inyectaba una medicina reguladora del crecimiento.

Leo jugaba igual que ahora, con la misma **astucia** y los mismos movimientos… Salvo una excepción. Cuando metía un gol, no elevaba sus manos hacia el cielo para dedicárselo a su abuela, las llevaba hacia adelante para abrazarla. Ella era quien lo acompañaba a la cancha, la que hablaba con el entrenador para que lo dejasen jugar con los niños mayores, la que festejaba su ilusión, la que lo alentaba a que persiguiera su sueño.

Por eso Leo le dedica sus goles aunque ella ya no esté.

Astucia

La astucia es el ingenio y habilidad que empleamos para conseguir algo. ¡Es una cualidad comodín! Si eres caluroso, te ayudará a descubrir cómo ir más fresco. Si tu piel no te abriga lo suficiente, te ayudará a encontrar la manera de no pasar frío.

Una astucia bien entrenada hace que encuentres la forma de sortear cualquier obstáculo. Por eso, Leo Messi logra superar a varios defensores en una misma jugada.

Responsabilidad

Cuando eres responsable cumples con tus deberes. Algunos te los indican tus padres, o tus maestros. Y también están los que asumes tú voluntariamente, como cuando pides tener una mascota y te comprometes a alimentarla y cuidarla.

Leo aceptó la responsabilidad de ponerse él mismo las inyecciones. Y cada noche, sin falta, realizó esa tarea.

YAZID
11

Yazid

Yazid nació en una soleada ciudad a orillas del Mediterráneo y creció
en uno de sus barrios periféricos. Dentro de casa, los niños
se divertían con espirógrafos y tentempiés. Al otro lado de la puerta,
en la calle, se abría el maravilloso mundo del fútbol.

Sus padres siempre cuidaron de él. Y viceversa. Su papá era vigilante
de seguridad; y, a veces, Yazid le llevaba algo caliente de comer
a su turno de la noche. A los catorce años, cuando vivía lejos de casa
y lo pasaba mal, no le decía nada a su madre para no preocuparla.

Ya de niño, Yazid era de gustos **sencillos**: el fútbol callejero,
las conversaciones familiares y un único póster en la pared
de su cuarto.

Sus padres fueron una gran guía y le dieron buenos consejos.
El **permeable** Yazid siempre los escuchó, dispuesto a aprender
y mejorar.

Yazid, conocido de adulto como Zinedine Zidane, ha maravillado
a millones de aficionados al fútbol.

Permeabilidad

Ser permeable es estar dispuesto a escuchar a los demás
e incorporar sus buenas ideas y consejos a nuestra conducta.

La permeabilidad permite escuchar una sugerencia, aprender
de otro, o cambiar de costumbres si ves otras que te parecen
más beneficiosas.

Yazid solo quería jugar al fútbol, pero comprendía y apreciaba
que sus padres insistieran en que estudiase.

Sencillez

La sencillez es la naturalidad, la espontaneidad con que venimos
al mundo.

Una persona sencilla necesita pocas cosas, porque las aprovecha
muy bien y las disfruta mucho. Una persona sencilla ve lo que hay,
y no echa de menos lo que no hay.

Ante el deseo de jugar al fútbol, a Yazid no le importaba cómo era
la cancha ni la vestimenta. Si había un balón, todo lo demás pasaba
a un segundo plano.

DISFRUTA
DE TU SUEÑO